L'ABBÉ LOUIS VÉRAN

(1765-1838)

PAR

M. l'abbé CHAILAN,

CURÉ D'ALBARON.

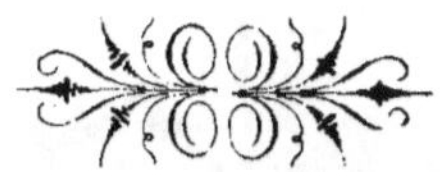

NIMES

IMPRIMERIE A. CHASTANIER

12 — rue Pradier — 12

1907

L'ABBÉ LOUIS VÉRAN

(1765-1838)

PAR

M. l'abbé **CHAILAN**,

CURÉ D'ALBARON.

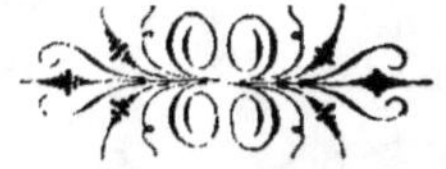

NIMES

IMPRIMERIE A. CHASTANIER

12 — rue Pradier — 12

1907

PRÉFACE

*Cette petite biographie de l'abbé Véran a été couronnée
par l'Académie de Nimes dans son concours de 1906
dont le sujet était l' « Étude de quelques points particu-
liers intéressant l'histoire de la Révolution française
dans le Gard (personnes, localités, sociétés populaires,
corps municipaux, industries, etc.). » Voici comment
M. Paul Clauzel, secrétaire perpétuel de l'Académie, a
parlé de ce mémoire dans la séance publique du 23 mai
1907 :*

Le premier mémoire en date, avec la devise : *Suum
unicuique decus*, a pour titre : « Un vicaire constitu-
» tionnel de Saint-Baudile, l'abbé Louis Véran (1765-
» 1838. » C'est un manuscrit de 39 pages sur papier éco-
lier.

Comme justification du choix de son sujet, l'auteur
écrit : « Le goût des recherches directes dans les Archi-
» ves ayant pris faveur, nous commençons à posséder une
» bibliographie du clergé constitutionnel. En une année,
» la librairie française a édité..... »

A la suite de l'énumération qu'a provoquée une bonne
pensée, et sans avoir le dessein de la compléter, fran-
chissons cette limite d'une année au profit seul d'un de
nos confrères et de son important ouvrage qu'il convient
de signaler ici : *Un Prélat constitutionnel, Jean-Fran-
çois Perier, Évêque d'Avignon (1740-1824), par l'abbé
Albert Durand* (Paris, librairie Bloud et Cie, 1902, in-8°
de XIX — 677 pages).

« Désormais, l'élan est donné, nous n'avons pas de rai-
» son pour ne pas dire à notre tour l'histoire d'un simple
» prêtre, âme sacerdotale peu extraordinaire sans doute

« mais dont l'étude peut nous offrir plus d'une leçon.
» *Suum uniçuique decus.* »

« L'abbé Louis Véran, continue l'auteur, appartenait à
» une famille des plus anciennes et des plus considéra-
» bles de la ville d'Arles. Son père, Antoine Véran, exer-
» çait l'office de notaire public et occupa à plusieurs repri-
» ses des charges municipales. Il épousa, le 30 mars 1761
» (not. Chabran) Catherine Pignard, petite-nièce de Louis
» et Joseph Pignard, prêtres, successivement prieurs de
» Grans, proche Salon. De ce mariage naquirent plusieurs
» enfants dont quelques-uns ont eu une certaine notoriété.
» De ce nombre furent Jacques-Didier Véran, né le 22 mai
» 1764, et Jacques-Marie Véran, né le 8 décembre 1776.
» Le premier est l'auteur de plusieurs notes, disserta-
» tions, mémoires dont quelques-uns encore inédits, de
» l'explication de toutes les anciennes inscriptions d'Arles,
» d'un traité sur l'idiome d'Arles, des *Annales de la ville
» d'Arles,* malheureusement inachevé, d'un recueil de
» titres et de documents sur le territoire d'Arles, en
» 15 vol. in-4°. Il possédait un petit cabinet d'antiquités
» et un médaillier assez précieux..... »

N'allez pas m'accuser de m'attarder à quelque lourd et
fastidieux hors d'œuvre ou de me perdre dans quelque
digression fatigante et inutile avant même d'avoir abordé
mon sujet. De ce détail généalogique naît en mon souvenir un rapprochement qu'il me paraît convenable de noter.
Il en ressort l'importance de la famille dont je me suis
occupé et de celle que notre concurrent a voulu mettre en
lumière. L'histoire se fait de la suite des événements et
s'élucide de leur combinaison.

Quand j'ai étudié notre grand peintre *Charles-Joseph
Natoire* et sa famille, j'ai dû les suivre à Arles. Auprès
d'eux, j'ai rencontré la famille Véran et notamment celui
des fils dont je viens de transcrire cette biographie
réduite à quelques mots.

J'ai connu et raconté leurs relations en la partie qui se
rapportait à mon étude et qui lui était utile. Je me borne
à renvoyer à cette courte notice ceux qui en auraient la
curiosité. Ils la trouveront produite à la 23e *Session des*

Sociétés des Beaux-Arts des départements (du 23 au 27 mai
1899), dans le compte rendu de cette Réunion publié par
le ministère, page 145.

Et je reviens bien vite au concurrent dont je dois vous
faire connaitre le travail.

« Celui de ces enfants, écrit-il, dont nous entreprenons
» de raconter la vie, est l'abbé Louis Véran. Il était né le
» 17 juin 1765. Il fut ordonné prêtre en 1789, et tout de
» suite se trouva mêlé au mouvement révolutionnaire. »

En 1790, il est vicaire à Fontvieille, aux portes d'Arles.

Le 30 janvier 1791, après bien des hésitations, il prêta
le serment constitutionnel devant la municipalité de
Fontvieille.

Après avoir échoué, le 30 octobre 1791, aux élections
pour la cure de ce pays, il vint à Nimes, où nous le trouvons, vers la fin de cette année 1791, vicaire à Saint-Baudile.

Cette paroisse n'était plus alors qu'une succursale de
Saint-Denis, établie dans l'église des Pères Capucins.
« L'abbé Véran assurait aussi, de concert avec les autres
» vicaires, le service de Courbessac, paroisse pareillement
» supprimée et rattachée à Saint-Denis. »

Le 13 mai 1792, il est élu, par ses concitoyens, curé
d'Albaron, en Camargue, par 26 voix sur 36 ; mais il n'a
jamais occupé ce poste qui fut offert bientôt après, le
23 juin, par l'Evêque constitutionnel à l'ancien Trinitaire
Charles Amy.

Peut être est-ce à cette coïncidence, comme nous le
verrons, que nous devons le choix de ce sujet par l'auteur.

Vers la fin du mois de mars 1794, l'abbé Louis Véran
est obligé de quitter Nimes pour retourner à Arles dans
sa famille.

C'est pendant tout son séjour à Nimes, donc pendant
plus de deux ans, que « l'abbé Véran entretint avec son
» père une active correspondance, au style négligé, hatif,
» pressé, incorrect même, par conséquent sans prétention
» littéraire d'aucune sorte, mais curieuse à plus d'un titre
» et qui nous laisse voir, sous son vrai jour, cette phy-
» sionomie de prêtre assermenté. »

Les quatorze lettres conservées et retrouvées ont fourni au concurrent la plus grande partie de la matière de son travail.

Nous y voyons la fermeture des Eglises, l'établissement du culte de la Raison, les prêtres cessant leur culte peu à peu partout, les inventaires, et le reste : l'abbé, obligé de quitter sa maison louée à un tiers, retourne à Arles. Il habitait l'ancienne demeure des Pères Carmes. Il se sécularise « ou mieux pour employer un terme du jour » il se laïcise. »

Nous croyons lire la relation de faits contemporains.

Le 31 mai 1794, a lieu la déprêtrisation des citoyens Léger, Clastre, Véran et autres.

Mais, le 23 avril 1795, « dans une cérémonie expiatoire » à Saint-Trophime, l'ancien vicaire de Saint-Baudile » abjure le serment constitutionnel et reprend les fonc- » tions sacerdotales. »

Sans vouloir, faute de temps, résumer tout l'ouvrage, je me borne à de rapides indications. Elles nous montrent ou nous rappellent que l'histoire est un perpétuel recom- mencement et que la roue tourne sans cesse dans le même cercle, toujours plus ou moins vicieux, au dire des partis successivement vaincus.

La guerre religieuse touche à sa fin, continue l'auteur. Nous sommes au lendemain de la victoire de Marengo. Enfin, le Concordat entre Napoléon Bonaparte, premier consul de la République, et le Saint-Siège est conclu : il est proclamé solennellement, le 23 germinal an X (18 avril 1802), dans l'église Notre-Dame de Paris.

Le souvenir de ces faits est bien susceptible de les réconforter et d'adoucir le chagrin de ceux que désespè- rent et qu'affligent de récents évènements.

« L'ancienne paroisse de Fontvieille fut réorganisée, et » l'ancien vicaire de St-Baudile, qui y avait exercé ses » premières fonctions sacerdotales, fut proposé à l'agré- » ment du gouvernement pour l'occuper (6 mai 1803). Le » préfet des Bouches-du-Rhône n'agréa pas ses services. » Il lui reprochait ses nombreuses variations. »

Que cet exemple serve de leçon aux indécis et aux pusillanimes.

Cependant, en 1812, l'autorité diocésaine de Marseille confia à l'abbé Véran la petite paroisse des Accates, dans la banlieue de la ville.

En 1817, on le retrouve à Marseille, où il coula paisiblement ses derniers jours, pour mourir, rue de la Darse, n° 4, le 22 novembre 1838.

Entre son séjour à Nimes et sa rentrée en paroisse, une existence toute nouvelle avait pris l'abbé Louis Véran. Vers 1797, il s'était consacré « presque exclusivement à » l'enseignement où il parait, du reste, avoir eu quelque » succès ». C'est dans l'ancien séminaire de Marseille, situé rue Tapis-Vert, utilisé comme maison d'éducation pour la jeunesse, que l'abbé Véran fut appelé en qualité d'instituteur.

Non agréé, comme nous l'avons dit, pour la paroisse de Fontvieille (1803), l'abbé Louis Véran continue à se livrer à l'éducation des enfants, dans l'institution Soutte. « C'était bien l'occupation qui lui convenait le mieux. »

De Marseille, il continuait avec son père sa correspondance.

Il avait, dans cette ville, un de ses frères, Pierre-Hilaire, qui y vivait du produit de son commerce et dont la présence l'y avait attiré.

Il fut assez heureux (et il mande cette nouvelle avec joie) pour remettre, dans la famille de ce frère, l'union rompue depuis longtemps.

L'auteur véridique ne dissimule rien de son sujet.

« Notre abbé n'était pas trop courageux, écrit-il ; un » peu moins de prudence de sa part eût été plus digne, » plus sacerdotal. » L'abbé avait cru prudent, en effet, de s'abstenir d'aller visiter quelques-uns de ses compatriotes, plusieurs Arlésiens ici détenus (à Nimes). (Lettre du 12 novembre 1793.)

Quelque temps après (30 ventôse an II — 20 mars 1794), « l'abbé se cachait pour échapper à la conscription mili-» taire, preuve nouvelle de son peu de courage. »

D'autre part (3 ventôse an II — 21 février 1794), l'abbé écrit à son père qu'il n'est plus vicaire de Saint-Baudile et qu'on a fait l'inventaire de son église. Aux commissaires

qui exécutent cette besogne, il réplique : « La loi m'avait
» placé ici, la loi me déplace ; elle n'a pas de citoyen qui
» lui soit plus soumis... »

C'est très joli, n'est-ce pas, comme fait de soumission à
la loi.

D'autre part, pour donner une idée d'ensemble de cette
physionomie et pour compléter cette figure, je dirai que
l'auteur du mémoire a raison de noter, à l'actif de son
personnage, un trait de caractère qui ne laisse pas de
l'honorer. « On relève avec satisfaction, dans cette même
» lettre (16 ventôse an II — 6 mars 1794), un passage qui
» prouve la tolérance du prêtre constitutionnel pour ceux
» qui ne pensaient pas comme lui : « J'ai vu avec plaisir
» dans le *Bulletin* du 9 que dorénavant les tribunaux ne
» pourront condamer les contrerévolutionnaires qu'à la
» détention ou au séquestre de leurs biens et au bannis-
» sement après la paix, ce qui par une juste conséquence
» abolit pour les contrerévolutionnaires la peine de
» mort. »

On avait noté plus haut que l'abbé Véran avait refusé de
les dénoncer.

Le nom de l'ancien abbé Guiraud, qu'il avait connu à
Arles, revenant sous sa plume à ce sujet, il écrit : « J'ai
» vu avec satisfaction que le citoyen Guiraud, accusateur
» public de Marseille, a été acquitté à Paris. »

Sans multiplier davantage les citations, nous en avons
assez avec ces traits pour connaître le personnage que le
concurrent a eu le dessein de faire revivre à nos yeux. Je
vous prierai même de me pardonner si je me suis un peu
oublié en prolongeant mon incursion sur ce mémoire.
Mon excuse est dans l'intérêt que nous devions trouver
ensemble au souvenir de cette histoire essentiellement
locale.

Pour me faire absoudre, je vais compenser ces lon-
gueurs, point inutiles ni fastidieuses, d'ailleurs, par une
exacte brièveté, sans préjudice toutefois pour ceux dont
il va me rester à vous parler après avoir rapidement
conclu sur ce sujet.

« En somme, termine l'auteur, la vie de l'abbé Véran

» est celle d'un prêtre ordinaire, sans grandes aspirations
» d'aucune sorte. S'il donna, un moment, des gages à la
» Révolution. c'est par entraînement, par imprévoyance,
» c'est surtout par manque de fermeté. Les événements
» le surprirent, il n'y était pas préparé .. Enfin, la longue
» période de paix que nous révèlent les années d'ensei-
» gnement est une preuve nouvelle que l'abbé Véran
» n'était pas fait pour la lutte et le combat... Il reste à
» sa louange, outre ce long dévouement à l'enfance qui
» n'est pas si commun qu'on pourrait le croire, cet amour
» pour les siens qui le porta à leur rendre service et à
» rapprocher ceux qui ne vivaient pas en bonne intelli-
» gence. C'est là le rôle du prêtre dans ce qu'il a de grand,
» de noble et d'élevé ! En tout autre temps, l'abbé Louis
» Véran eût illustré le Corps auquel il appartenait ! »

Et nous, pour résumer notre opinion et notre jugement
sur le concurrent et sur son travail, nous ne le chicane-
rons pas pour un détail en passant. Nous ne le rangerons
point parmi les adeptes de la simplification de l'orthogra-
phe pour ce qui est sans doute un *lapsus calami*, qui a
été cependant remarqué et noté. (*Abdica*, au lieu de
abdiqua, dans la note au bas de la page 10 du manuscrit.)

Mais nous regrettons que, lorsque les « principes de la
Chiffonne » viennent sous sa plume, l'auteur du mémoire
ne croie pas utile de donner quelque explication brève
et rapide sur ce mot, sur son origine et sa signification.

Les *Chiffonistes* et par corruption les *Siphonnistes*
étaient les royalistes d'Arles. Leur nom leur venait de ce
qu'au début ils se réunissaient dans la maison du chanoine Giffon sur une partie de l'emplacement du théâtre
antique. D'où Giffon, Siphon, Chiffon. Ils avaient pris
comme emblème un petit *Siphon*.

Par contre, nous remercierons l'auteur d'avoir rappelé
ou mis au jour des faits spécialement nimois. Nous le
complimenterons de sa citation de LOURDES, *Histoire de
la Révolution à Marseille* (note, page 23 du manuscrit).
Elle montre quelque érudition de sa part.

Nous le louerons également de la simplicité et de la
sobriété du langage, de la franchise et de la loyauté du

récit. de l'impartialité du jugement, de la rectitude enfin et de la justesse de ses appréciations.

Connaissez-vous l'histoire du dessinateur John David-son ? Accusé d'avoir fabriqué des banknotes de cinq livres, au magistrat qui l'interrogeait : « Comment se fait-il » qu'avec votre talent vous n'en ayez pas plutôt imité de » dix ou vingt livres sterling ? » cet homme habile de répondre : « Que voulez-vous, Votre Honneur, ce n'est » pas l'envie qui m'en a manqué..., mais je n'avais pas » de modèle ? » Ce n'est qu'un modèle de haute stature qui aura fait défaut à l'auteur du mémoire pour qu'il nous présentât une étude plus importante. Mais la notice sans lacunes qu'il a consacrée au mince abbé Véran s'élargit avec les circonstances auxquelles fut mêlée la vie de son personnage. Encore une fois, nous l'en remercions.

L'ABBÉ LOUIS VÉRAN

(1865-1838)

Ce petit travail n'est ni un plaidoyer élogieux ni un réquisitoire violent, mais simplement l'histoire vraie, d'après les documents, d'un prêtre qui a vécu pendant la Révolution. Jusqu'ici on avait peu écrit sur le clergé constitutionnel. A la fin du xviiie siècle, l'Eglise de France avait besoin d'apaisement, ce n'était pas encore le moment de parler. D'ailleurs que savait-on sur les prêtres assermentés ? — A peine quelques faits plus saillants, quelques anecdotes plus ou moins légendaires, et c'était tout. On était presque réduit à confondre les jureurs avec les apostats. Il faut bien le dire aussi, les ecclésiastiques plus à même de s'occuper de leurs devanciers gardaient le silence, craignant de mal édifier, et oubliant que la vérité, pour si cruelle parfois qu'elle soit, est toujours la vérité. Depuis on est revenu de ces errements, et de plus, le goût des recherches directes dans les archives ayant pris faveur, nous commençons à posséder une bibliographie du clergé constitutionnel. En une année, la librairie française a édité : *F.-X. Moïse, évêque du Jura, par l'abbé Perrod* (1) ; *Nicolas Francin, évêque constitutionnel de la Moselle, par J. Floranye* (2) ;

(1) Paris. A. Picard et fils, 1905, in-8° de 284 p.
(2) Paris. H. Champion, 1905, in-4° de 174 p. avec 2 portraits.

*Guillaume Tollet, évêque constitutionnel de la Nièvre,
par l'abbé J. Dasse* (1). Le dernier en date de ces utiles
travaux est le *Répertoire biographique de l'épiscopat
constitutionnel*, dû à la plume de Paul Pisani (2). Désormais l'élan est donné : nous n'avons pas de raison pour ne
pas dire, à notre tour, l'histoire d'un simple prêtre, âme
sacerdotale peu extraordinaire sans doute, mais dont
l'étude peut nous offrir plus d'une leçon. *Suum unicuique
decus* (3).

I

L'abbé Louis Véran (5) appartenait à une famille des
plus anciennes et des plus considérées de la ville d'Arles.
Son père, Antoine Véran, exerçait l'office de notaire
public et occupa à plusieurs reprises des charges municipales. Il épousa le 30 mars 1761 (not. Chabran) Catherine Pignard, petite-nièce de Louis et Joseph Pignard,
prêtres, successivement prieurs de Grans, proche Salon.
De ce mariage naquirent plusieurs enfants dont quelques-uns ont eu une certaine notoriété. De ce nombre
furent Jacques-Didier Véran, né le 22 mai 1764, et
Jacques-Marie Véran, né le 8 décembre 1776. Le premier
est l'auteur de plusieurs notes, dissertations, mémoires
dont quelques-uns encore inédits, de l'explication de toutes les anciennes inscriptions d'Arles, d'un traité sur
l'idiome d'Arles, des *Annales de la ville d'Arles*, malheureusement inachevées (4), d'un recueil de titres et de
documents sur le territoire d'Arles en 15 vol. in-4°. Il
possédait un petit cabinet d'antiquité et un médaillier
assez précieux. Le second, d'abord pharmacien, s'éprit

(1) Nevers. Vallière, 1905, in-8° de 157 p.

(2) Paris. A. Picard et fils, 1906, in-8°.

(3) La plupart des documents utilisés dans cette étude nous ont
été obligeamment fournis par Mᵐᵉ veuve Martin-Raget, d'Arles.

(4) Elles ont été publiées par M. le conseiller à la Cour d'Aix,
E. Fassin, dans son musée, 1ʳᵉ, 2ᵉ et 3ᵉ séries.

ensuite et essaya de la palette et du burin. Il a produit
nombre de gravures intéressantes. On lui doit les portraits de Mgr du Lau, dernier archevêque d'Arles, de
Fouque, Balechou, Anibert, Michel de Truchet, Savérien,
Jacquemin, et de la marquise de Roquemartine, née de
Grille, arlésiens bien connus. Il mourut dans sa ville
natale le 10 septembre 1848.

Celui de ces enfants dont nous entreprenons de raconter
la vie est l'abbé Louis Véran. Il était né le 17 juin 1765.
Il fut ordonné prêtre en 1789, et tout de suite se trouva
mêlé au mouvement révolutionnaire. Au printemps de
cette année, se firent les diverses élections des députés à
l'Assemblée nationale. L'abbé Véran prit part aux diffé-
rentes réunions du clergé, entre autres à l'assemblée qui
se tint à l'Archevêché, le 18 mai, à 3 heures du soir, sous
la présidence, en absence de l'archevêque, de l'abbé de
Pazéry, et dans laquelle fut rédigé le cahier des doléances
des ecclésiastiques (1).

Cependant l'abbé Véran n'occupait encore aucune
situation dans le diocèse, bien que son père eût prié l'archevêque de lui donner une place, comme le prouve la
lettre suivante, datée de Versailles, le 25 septembre 1789 :

« C'est avec une véritable satisfaction, Monsieur, que je
» vois M. votre fils l'ecclésiastique à portée de se rendre
» utile au diocèse ; j'ai tout lieu d'espérer qu'il remplira
» bien sa vocation, à cet égard, vous savès que dans mon
» diocèse tous les postes ne sont pas également agréables,
» et que les supérieurs sont commandés par les besoins
» impérieux du moment, je suis si pénétré de cette vérité
» que je laisse entièrement ce soin pendant mon absence
» aux personnes chargées de l'administration générale du
» diocèse. Je désire de tout mon cœur que les circons-
» tances concourent à bien placer M. votre fils, mais il
» pense trop sainement pour ne pas aller partout avec
» courage et bonne volonté... »

(1) Archives municipales d'Arles. Fonds Pierre Véran. Manuscrit : *Journal historique de la Révolution dans Arles*, t. 1er.

L'abbé Véran fut enfin nommé vicaire à Fontvieille.
aux portes d'Arles, sur les instances de l'abbé Muratory,
curé de la paroisse.

« M. le curé de Fontvieille, écrit de Paris, le 3 février
» 1790, Mᵍʳ du Lau au père Véran, m'avoit témoigné
» lorsque j'étois encore à Arles, combien il désireroit
» d'avoir pour vicaire M. votre fils, j'ai été ravi à tous
» égards que les circonstances ayent permis de l'y placer.
» il a toutes sortes de droits sur mon amitié personnel-
» lement. »

Le 26 mars 1790, pour se conformer aux décrets de
l'Assemblée nationale des 18 novembre 1789 et 5 février
1790, il fait. devant la municipalité d'Arles, la déclaration
des bénéfices qu'il possède, et qui se composent de trois
chapellenies, dans l'église Saint-Julien-d'Arles, sa
paroisse natale : 1º Notre-Dame *Virga Radix Jesse*,
2ᵉ Notre-Dame de *Radix Jesse*, 3º Saint-Jean-Baptiste.

Cependant la célèbre *Constitution du Clergé* avait été
votée par le Parlement. Un décret du 27 novembre 1790
porta des peines sévères contre les ecclésiastiques qui ne
s'y soumettraient pas. L'abbé Véran, après bien des
hésitations, prêta le serment constitutionnel, le 30 janvier
1791, devant la municipalité de Fontvieille. Le 4 février
suivant, le département des Bouches-du-Rhône lui
assura un traitement de 128 livres, 10 sols, 3 deniers,
bien maigre récompense pour la grave détermination
qu'il venait de prendre (1). Mais son père n'était pas sans
inquiétude au sujet de cette démarche. Il avait à Tarascon un ami qui avait vécu autrefois à Arles, le Père
Fabre, grand carme, bien connu par son célèbre pané-
gyrique de la ville d'Arles, imprimé en 1743 (2). Il lui
écrivit donc le 25 mai 1791 :

« Embarrassé comme tant d'autres sur le fait du bref
» du pape concernant la constitution civile du clergé, je
» viens en toute confiance vous prier de me donner votre
» avis.

(1) Arch. munic. d'Arles. Fonds Pierre Véran. Manuscrit : *Journal historique de la Révolution dans Arles*. t. III.

(2) Le P. Antoine Fabre est mort à Tarascon en 1793.

« Si quoique ce bref ait été résolu par la seule volonté
» du pape, sans le concours des Evêques de France et
» autres dignes personnages convoqués et assemblés dans
» la forme usitée, sans avoir été reçu et autorisé par la
» puissance civile et promulgué dans la forme présente,
» ce bref, dis-je, est obligatoire envers tous les fidèles, et
» sy en ne sy soumettant pas ils encourent les peines qui
» y sont portées.

« Les sacrements administrés par les ministres qui ont
» prêté ou refusé de prêter le serment ordonné par la loi,
» sont-ils valides également, et les fidèles peuvent-ils,
» dans tous les cas, les recevoir indifféremment sans
» encourir les mêmes peines prononcées par le pape.

« Ayes agréable, mon cher Monsieur, de m'éclairer sur
» ces points importants. Votre décision partant d'un prêtre
» des plus dignes et des plus éclairés qui n'a et ne pré-
» tend à rien, sera pour moi une règle infaillible pour me
» conduire en toute sûreté. Toute autre décision ici pour-
» roit m'être suspecte, tant d'un parti que de l'autre. Votre
» amitié pour moi me fait espérer que vous m'accorderès
» cette grâce pour la tranquillité de ma conscience. Soyès,
» au reste, bien assuré de ma discrétion à ce sujet et du
» sincère attachement avec lequel je suis, etc ».

Le père Fabre lui répondit presque aussitôt, en lui don-
nant les raisons pour lesquelles, estimait-il, on pouvait
prêter serment :

« Tarascon, 2 juin 1791.

« Monsieur et estimable ami,

« Il y a quelques jours que je reçus la lettre que vous
» m'avez fait l'honneur de m'écrire. Le triste état où je
» me trouve, le régime qu'on m'a prescrit ne m'ont pas
» permis jusqu'à aujourd'huy d'y répondre, je le fais enfin
» et je vous assure que c'est avec tout l'intérêt et le zèle
» que peut et que doit m'inspirer votre confiance et toute
» la droiture qu'exigeoit de moi l'importance des motifs
» respectables qui vous ont porté à vous éclaircir et à con-
» sulter vos amis que je l'entreprens.

« Je me suis souvent occupé et depuis longtemps de
» cette matière. Je m'en étais fait un de mes principaux
» devoirs dans un travail que je fis, il y a deux ans.
» (C'étoit un mémoire que je fis passer à Mr Necker pour
» l'Assemblée nationale.) J'y pesois surtout sur l'état de
» la Religion dans ce siècle, sur les causes primitives et
» originaires de cet état, et sur le droit incontestable
» qu'a une nation de rappeler tout aux premiers principes
» de la Société civile quand elle le peut sans blesser la
» Religion adoptée, et sans s'écarter des principes qui
» doivent la rendre sacrée.

« Je ne vois pas, je ne crois pas que les raisons qui
» vous ont inspiré des doutes sur les principes qui doi-
» vent servir à nous diriger dans cette occasion y soient
» applicables, de façon à nous interdire tout assentiment
» au décret de cette assemblée en ce point ni qu'elles doi-
» vent nous gêner et nous enlever toute confiance au
» serment civique qu'exige aujourd'hui la nation de tout
» citoyen patriote de quelque rang ou de quelque état
» qu'il puisse être.

« Quel rapport, en effet, peut-il y avoir, entre ce ser-
» ment qu'elle impose et ce que nous devons à la Reli-
» gion ? Pour s'appercevoir qu'il n'y en a point qui puisse
» en dispenser ses ministres, il n'y a qu'à jetter les yeux
» sur l'Evangile et la tradition, la pratique des premiers
» siècles de l'église.

« C'étoit alors le peuple qui en élisoit les ministres, ou
» qui concouroit à cette élection, sans que personne pré-
» tendit avoir droit de nomination indépendante d'examen
» et sans que l'élu aux premières places se crut en droit
» de réclamer un pouvoir coactif, dont les seuls motifs ne
» peuvent être, et ne sont si visiblement que l'intérêt ou
» le despotisme introduit depuis dans le ministère ecclé-
» siastique, et si hautement et si solennellement proscrit
» par la bouche même du législateur, ses préceptes et ses
» exemples, surtout si on peut supposer que l'Etat s'en-
» gage à suppléer aux frais du culte, et à l'entretien des
» ministres !

« Pour mieux sentir toute la force et la justice du pro-

» cédé de l'assemblée nationale et la faiblesse et l'injus-
» tice de ces prétentions ecclésiastiques, il n'y a qu'à con-
» sidérer l'immensité des propriétés de l'Eglise (si on
» peut légitimement et chrétiennement les nommer ainsi);
» sur l'usage que s'en permettoient ses ministres, sur
» l'énorme poids dont elles grevoient la Nation, et leur
» illégitimité, et leur opposition directe aux préceptes ou
» aux conseils de l'Evangile.

« Si j'avois à traiter la matière à fond, je parlerois des
» Décrétales, d'où nous sont venus si directement ces
» abus, de l'horreur de leur origine, de leur fausseté
» démontrée, des superstitions, des erreurs qu'elles
» avaient introduites dans notre Eglise, pendant neuf siè-
» cles d'ignorance, et du droit qu'a une nation éclairée de
» s'y soustraire, mais ce n'est ici qu'une lettre.

« Quand j'aurai l'honneur de vous voir, nous en cause-
» rons, si vous le voulez, et j'oserois presque me flater
» qu'il ne vous restera presque plus de doutes geinants là-
» dessus. En attendant, je vous exhorte à peser en gros ces
» raisons et de vous conduire selon que vous le trouverez
» convenable, en attendant une décision plus complette
» et plus réfléchie, sans vous en laisser puérilement impo-
» ser par tout ce que peuvent vous opposer la supersti-
» tion d'une part, l'intérêt personnel de l'autre, etc., etc.

« Vous trouverez, sans doute, peu d'ordre et peut-être
» aussi trop peu de clarté, d'étendue et de discution dans
» cette lettre pour résoudre à plein les difficultés et vos
» doutes. Mon état présent ne me permet pas de presser
» plus loin ma réponse. Ma sécurité, ma conduite propre,
» dans le même cas où vous vous trouvez, doivent vous
» répondre, du moins, de la sincérité avec laquelle je vous
» parle.

« On nous dit ici que Monsieur l'Evêque est à Nimes,
» il pourrait bien à son retour passer à Arles (1). En ce

____

(1) L'évêque métropolitain des Côtes de la Méditerranée sacrait
ce même jour, 2 juin, fête de l'Ascension, dans la cathédrale Saint-
Castor, de Nimes, l'évêque des Basses-Alpes, J.-B. de Villeneuve.
Benoit-Charles Roux, prélat consécrateur, était assisté de Ignace
Caseneuve, évêque des Hautes-Alpes, et de J.-B. Dumonchel,
évêque du Gard. Deux jours après il arriva à Arles.

2

» cas là, vous pourriez bien lui aller faire une visite, et
» lui proposer tous vos doutes. La charité et le mérite
» que je lui connois vous assureroient, d'une part, un
» accès facile, et de l'autre, tout ce qu'il vous faut pour
» vous décider. En cas qu'il vous en prenne envie, vous
» pourriez vous adresser à l'abbé Germane 1., en le
» saluant de ma part, et qui, sans doute, se feroit un plai-
» sir de vous introduire.

« Je ne saurois pousser plus loin une lettre si fatigante,
» dans l'état critique où je suis. Souffrez, s'il vous plait,
» que je la termine par l'assurance de, etc.

« FABRE, prêtre,
« cy-devant Grand Carme. (2)

De tels avis donnés au père et que d'aucuns trouveront
peu orthodoxes furent adoptés sans difficulté par le fils
mais sans parvenir à tranquilliser sa conscience. Quoiqu'il en soit, l'abbé Véran persista dans son serment, aussi
fut-il élu premier vicaire de la paroisse Saint-Julien
d'Arles, aux premières élections populaires.

La *Constitution civile* avait eu pour premier résultat de
produire la désunion dans la ville d'Arles en éloignant
les fidèles des prêtres assermentés. Les patriotes s'étaient
plaints que ceux-ci avaient été saisis à l'autel et chassés
du temple. Les officiers municipaux firent une enquête
le 6 octobre 1791. Louis Véran parut en mairie pour donner son témoignage sur ces incidents, mais il ne voulut
rien dire. On lui en sut mauvais gré. « Il a commis une
désobéissance formelle à la loi, dirent les conseillers, et
ce refus sera dénoncé au ministère public près le tribunal
comme dépendant de sa déposition la tranquillité publique. » (3)

(1) L'abbé Joseph-Marie Germane était second vicaire épiscopal
de l'évêque B.-C. Roux. A la conclusion du Concordat, il fut nommé
chanoine titulaire de Saint-Sauveur d'Aix.

(2) Toutes ces lettres sont au pouvoir de M⁰ᵉ veuve Martin-
Raget, d'Arles.

(3) Bibliothèque municipale d'Arles. Manuscrit n° 143. *Docu-
mens pour servir à l'histoire de la Révolution dans Arles,*
recueillis par L. Mège.

Le 30 octobre 1791, eut lieu dans l'église métropolitaine de Saint-Trophime une nouvelle élection de curés. L'abbé Louis Véran se mit sur les rangs pour la cure de Font-vieille où il avait débuté dans le ministère paroissial, mais après trois tours de scrutins, l'abbé Lange, desservant de Saujan, hameau de Beaucaire, qui obtint seulement 14 suffrages, lui fut préféré (1).

Véran ne pouvait plus rester à Saint-Julien : les prêtres constitutionnels y étaient toujours et de plus en plus mal vus. Il quitta la ville d'Arles, comme plusieurs de ses confrères, et vint à Nimes où nous le trouvons, vers la fin de cette année 1791, vicaire à Saint-Baudile

II

Cette paroisse . confiée jusque-là au zèle des pères Carmes, disparut en 1791, dans la nouvelle circonscription du diocèse. Elle ne fut plus qu'une succursale de Saint-Denis, établie dans l'église des pères Capucins. L'abbé Véran assurait aussi de concert avec les autres vicaires le service de Courbessac, paroisse pareillement supprimée et rattachée à Saint-Denis. On trouve aux registres de catholicité leurs signatures à partir du 16 décembre 1791. Il habitait l'ancienne demeure des pères Carmes (2).

C'est à Nimes que l'abbé Véran passera les plus mauvais jours de la Révolution. Il fut pourtant à la veille de quitter cette ville en 1792. Le 12 mai de cette année. il fut élu, par ses concitoyens. curé d'Albaron, en Camargue, par vingt-six voix sur trente-six, mais il n'a jamais occupé ce poste, qui fut offert bientôt après, le 23 juin.

(1) Archives municipales d'Arles. Fonds Pierre Veran. Proces-verbal imprimé de cette élection.

(2) Goiffon. Notice historique sur les Carmes et la paroisse de Saint-Baudile de Nimes, 1873.

par l'évêque constitutionnel à l'ancien Trinitaire, Charles
Amy (1).

Pendant tout son séjour à Nimes, l'abbé Véran entretint avec son père une active correspondance, au style
négligé, hâtif, pressé, incorrect même, par conséquent
sans prétention littéraire d'aucune sorte, mais curieuse à
plus d'un titre et qui nous laisse voir, sous son vrai jour,
cette physionomie de prêtre assermenté.

Une partie de ces lettres n'existe plus, la première que
l'on possède est du 16 octobre 1793 et la dernière du
7 germinal an II (27 mars 1794). Pendant ce court espace
de temps, l'abbé Véran a envoyé au moins quatorze lettres
à son père.

Son frère aîné, Jacques-Didier, avait été emprisonné à
Arles et voici, d'après le Comité de surveillance révolutionnaire, les motifs de son incarcération :

« Partisan des principes de la Chiffonne depuis 1789 ;
» avoir pris les armes dans le temps des sections fédéra-
» listes ; avoir incarcéré les citoyens Lagrange et Bau-
» desseau, excellents patriotes. — Pour avoir été à une
» patrouille dans la nuit du 14 juillet 1793, jour du mas-
» sacre des patriotes. — Enfin pour avoir dit qu'on ne
» pouvoit vivre sous des lois poussées à la dernière scélé-
» ratesse. »

L'abbé s'apitoie sur son sort. Lui-même est dans la
gêne. Le gouvernement ne tenait pas la promesse de
donner un traitement convenable à ses prêtres. A partir
du mois d'octobre 1793, il avait vu son allocation dimi-
nuée de 300 livres ; aussi cherche-t-il un autre emploi
plus rémunérateur, et dans ce dessein il s'adresse, mais
en vain, à l'évêque du département de Vaucluse, Rovère (2),

(1) Arch. munic. d'Arles. Fonds Pierre Véran. Procès-verbal de
l'élection du 13 mai 1792. Charles **Amy**, né à **Arles** le 22 février
1732, y est mort le 18 décembre 1811.

(2) Rovère (François-Régis), né à Bonnieux en 1746, docteur en
théologie, grand vicaire de l'évêque d'Apt au moment de la Révolution, adhéra à la *Constitution civile du Clergé*, fut nommé, le
22 juin 1792, vicaire épiscopal auprès de l'évêque du Gard ; le

qu'il avait connu lorsque ce dernier exerçait à Nîmes,
les fonctions de vicaire épiscopal. Hélas ! l'évêque venait
d'être nommé commissaire national ; il était trop occupé
pour songer au pauvre vicaire. L'abbé le comprit et en
prit bravement son parti en restant à Saint-Baudile. Ce
sont toutes ces craintes et bien d'autres encore qu'il
exprime à son père dans sa lettre du 16 octobre 1793.

« Le ciel a donc voulu nous tous éprouver dans la
» famille. Hilaire (1) s'est uni à une épouse dont le père
» est dénaturé ; Véran a voulu servir la cause de ceux
» qui lui avaient donné leur confiance ; il est dans les
» fers ; et moi, pour prix de ma soumission aux lois de la
» patrie, je me vois privé d'une partie du pain qu'elle me
» doit. Qui m'eut dit quand j'offris mon portefeuille à mon
» frère aîné que je serois dans la nécessité qu'on m'en fit
» autant aujourd'hui… mais non, je ne suis pas encore
» dans ce cas, j'ai sçu m'économiser quelque chose, je
» saurai me prescrire bien des privations et j'espère pou-
» voir vivre sans emprunt jusqu'au trimestre de janvier.

» J'écris par le même courrier à l'évêque de Vaucluse,
» Rovère. Je n'oublie rien pour l'intéresser en notre
» faveur : puissé-je être plus heureux que lorsque je lui
» parlai en personne. »

Il n'est pas rare de rencontrer dans les lettres de l'abbé
Véran le nom de quelques-uns de ses compatriotes :

« Plusieurs Arlésiens sont détenus, entre autres, Mon-
» sieur Eymin qui m'était venu voir quelques jours avant
» son arrestation. J'ai eu aussi la visite de Monsieur

29 août 1793, il fut nommé évêque constitutionnel de Vaucluse. Il
abdiqua le 26 pluviôse an II ; obtint, pendant la Terreur, le consu-
lat de Livourne. Rentré en France en 1801, il se retira dans son
pays natal où il mourut en 1820, sans avoir repris ses fonctions
ecclésiastiques. Barjavel, *Dictionnaire historique… du département de Vaucluse.*

(1) Pierre-Hilaire Véran, né le 14 janvier 1907, destiné au com
merce, secrétaire de la Garde Nationale à Paris. Se maria à Marseille avec une demoiselle Testanier, et y a fait souche. L'abbé,
comme nous le dirons plus loin, aura la consolation de mettre la
paix dans cette famille.

» Artaud (1), cy-devant juge, qui partit l'avant-veille des
» visites domicilaires. On m'a dit aussi qu'il y avait en
» prison Lenice, Jacquemin, etc., mais comme il est
» plus prudent de ne point visiter ces gens-là, je n'ai
» point été les voir comme j'avois d'abord projeté. » [Let-
tre du 12 novembre 1793.]

Il faut bien le dire : notre abbé n'était pas trop courageux, un peu moins de prudence de sa part eût été plus
digne, plus sacerdotal. Il est vrai, c'était l'époque des
emprisonnements arbitraires et des enrôlements forcés.

Un peu plus tard, au moment de la fermeture des
églises et de sa venue à Arles, il écrira à son père :

« Je garde la maison depuis quelques jours, vû qu'on
» parle d'une réquisition de 60 dragons à prendre parmi
» les citoyens depuis 25 ans jusqu'à 40. On devait aujour-
» d'hui s'assembler à cet effet, mais je ne sçache pas
» qu'il se soit tenu aucune section pour cela : intruisez-
» moi, s'il en est de même à Arles. Ici l'on me croit
» parti, il me serait plus facile de me soustraire à cette
» réquisition à Nismes. » [Lettre du 30 ventôse an II]
(20 mars 1794.)

L'abbé se cachait donc pour échapper à la conscription
militaire, preuve nouvelle de son peu de courage.

Pour assurer la défense nationale on faisait, dans le
département du Gard, des sacrifices immenses et on
envoyait à la troupe des secours de toute nature :

« On fait dans la ville, mande l'abbé à son père le 12
» novembre 1793, trente-huit mille sacs pour porter la
» farine de l'armée de Toulon. Le nombre des chemises
» est immense ; on a obligé toutes les cy-devant dames et
» toutes les couturières à en faire une demi-douzaine
» chacune. »

La question religieuse, déjà à l'état aigu, s'envenimait
de plus en plus : des tentatives furent essayées pour rem-

---

(1) Artaud (Jean-Mathieu), né à Arles en 1750, mort à Tarascon le
1er avril 1821. Il consacrait à la botanique les loisirs de sa charge
et forma un herbier d'environ 5000 espèces dont son fils fit présent
à la ville d'Arles.

placer l'ancien culte ; des prêtres abdiquèrent leurs fonctions. L'abbé fait un effort sérieux pour rester fidèle à
son sacerdoce, comme le dénote la lettre datée du 22
novembre 1793 :

« Vous connaissez, sans doute, dit-il à son père, les
» nouvelles concernant le clergé actuel, je m'attends à
» tout et ne cesserai d'être toujours patriote, mais je
» n'oublierai point que je suis prêtre. »

Peu de jours après, le 2 décembre, il revient sur ce
point et semble faiblir :

« Vous connaissez, mon cher Père, les décrets nous
» concernant, la prudence m'arrête la plume, je vous
» dirai seulement que le clergé de Nimes ne sera pas
» uniforme dans sa détermination. »

La situation pénible se prolonge pour l'abbé, il est
toujours dans le même embarras pécuniaire, et il le dit à
son père peut-être avec trop de précautions oratoires :

« Vos dernières lettres, écrit-il le même jour, ne res-
» pirent que la plus vive sollicitude pour vos enfants, et
» l'assurance de pourvoir à leurs plus pressants besoins
» dans les circonstances fâcheuses. Je viens donc avec
» confiance implorer vos bontés au moment où vont
» commencer mes peines. Vous savez que par un décret
» je me suis vu privé de trois cents livres en octobre.
» Hier la municipalité m'envoya un billet pour payer
» incessamment ma contribution qui se monte à cent
» cinquante-deux livres, je l'ai payée de suite, vû que la
» prudence nous a dicté de le faire sur le champ, cepen-
» dant il faut que je vive d'ici au mois de janvier (si tant
» est que nous tirions alors notre trimestre échu), et je ne
» possède pas même un assignat de cinq livres. »

Le père Véran n'est pas sourd à cette demande de son
fils, et lui envoie un peu d'argent — 50 livres — par le
messager de Nimes, Portal.

L'abbé voudrait bien aller voir sa famille ; il en a un
grand désir, mais les circonstances l'en empêchent.
C'est ce qu'il mande à son père le 16 décembre :

« Je ne puis quitter un seul jour la succursale parce
" que nous nous attendons à tout moment qu'on vienne

» vérifier ce qui se trouve dans nos églises et nous en
» demander les clefs, et il serait dangereux de s'absen-
» ter. »

Dans la même lettre il annonce à son père ce que peut-
être celui-ci savait déjà : « L'évêque du Gard et ses
vicaires à l'exception de quatre ont donné leur démission
de leurs places ,et non pas de la prêtrise, comme le
disent les malveillans. » Ce fait s'était passé le 7 décembre.

La question de la démission se posait aussi pour lui. Il
est dans l'indécision et veut attendre les événements, sauf
pour la réquisition à laquelle il est soumis et qui le
menace, il prie son père de faire l'impossible pour l'y
soustraire :

« Quant à moi, je pense qu'on ne risque rien encore de
» voir venir, car je crois qu'incessamment la Convention
» s'expliquera sur ce qui doit être statué au sujet de ceux
» qui n'abdiqueront pas. En attendant il serait prudent de
» notre part de chercher quelque moyen non-seulement
» pour avoir de quoi vivre, mais plus encore pour me
» mettre à l'abri de la réquisition, car il n'y a pas à douter
» quelque parti que je prenne au sujet de l'abdication,
» rentrant dans la classe des autres citoyens je n'y sois
» compris. » [Lettre du 16 décembre]

La lettre du 10 nivôse an II (30 décembre 1793), écrite
après la publication de décrets concernant la liberté des
cultes, nous le montre un peu plus rassuré : aussi parle-
t-il d'aller à Arles le lendemain de la fête des Rois, à
moins de mauvais temps.

Il apprend à son père la vente, le 9 nivôse, de l'ancienne maison des Carmes où il demeurait. Elle fut ache-
tée par un cabaretier au prix de 32.500 livres. Il donne
aussi quelques nouvelles relatives à ses confrères :

« Nous sommes ici neuf prêtres qui n'avons pas fait
» notre démission. Il paraît que le nombre ne diminuera
» pas. Un des démissionnaires s'est marié dernièrement
» avec une revendeuse. Il se nomme Lagravière, cy-
» devant vicaire épiscopal. Son confrère Basse est allé à
» Paris chercher fortune. Apparemment il a laissé ici son
» épouse. »

Il n'oublie pas son frère qui est toujours en prison :

« Il me tarde bien que le détenu soit en liberté ! Que je
» désirerais qu'il pût faire les rois avec nous ! »

Enfin il annonce à son père qu'il va recevoir un peu
d'argent :

« On dit que nous serons payés la semaine prochaine
» quoique notre mandat doive être du premier vendé-
» miaire, mais on aura soin de nous soustraire dix jours
» à ce qu'on m'a assuré. »

Il termine ainsi :

« Bien des souhaits à nos prêtres patriotes. »

Le père Véran avait chargé son fils de « se porter à
l'hôpital des malades pour savoir si la citoyenne Alivon
d'Arles, nièce du père [dominicain] Alivon, et veuve du
citoyen Goubier, y est encore en son état. » Le fils élude
une première fois la commission — il avait tant peur de
se compromettre ! — puis finalement répond le 24 nivôse
an II [13 janvier 1794] :

« Comme il n'entre dans l'hôpital des malades que des
» fanatiques et que ces pieux chrétiens ne voudraient pas
» se charger d'une commission d'un jureur, je n'ai pu
» m'acquitter de celle du Père Alivon. »

Ces paroles impressionnent péniblement, on en attendait de tout autres dans la bouche de ce prêtre, toujours
peureux et pusillanime ! Le temps avait été mauvais,
l'abbé Véran n'avait pu se rendre à Arles comme il l'avait
annoncé peu de jours auparavant. Il se dédommagera plus
tard. En attendant, il entretient son père de son intérieur
de maison :

« Je viens du district pour demander ce qu'on avait
» statué sur ma pétition pour mon logement. On m'a
» répondu que je pouvais en chercher un et qu'incessam-
» ment on me déterminerait un traitement pour cela
» mais qu'on me prévenait qu'on ne m'accorderait que ce
» qu'il faut pour payer le logement d'un individu, et que
» si j'avais une domestique et un clerc je les logerais à
» mes frais. D'après cela, vu l'incertitude des choses, et
» la difficulté actuelle de déménager de la maison des
» Carmes, je me suis engagé à payer 25 livres à l'acqué-

» reur pour le loyer d'ici à Pâques, époque à laquelle il
» doit y établir une auberge. » [Lettre du 24 nivôse]

L'abbé raconte ensuite à son père qu'il a fait des démarches pour conserver un clocher à la succursale de Saint-
Baudile, mais qu'il n'a pu réussir :

« Dans ma pétition, dit-il, je demandais qu'on fît rebâtir
» un petit clocher sur l'église (l'ancien se trouvant sur la
» partie vendue). On a décidé que le clocher ne seroit
» point rebâti et que la cloche seroit portée au district,
» fondé sur le décret qui porte qu'il ne sera laissé qu'une
» cloche par paroisse, et que Saint-Baudile n'est que
» succursale. »

Il n'oublie pas, en terminant sa lettre, de souhaiter la
fête de saint Antoine, qui tombe le 17 janvier, à son père,
car « comme bon républicain il ne lui avait pas souhaité
la bonne année. » Ces derniers mots voudraient-ils dire
que, pendant la Révolution, les démocrates ne s'offraient
pas de vœux réciproques au premier janvier ?

Quinze jours se passent, l'abbé Véran a pu enfin se
rendre à Arles pour y goûter quelques instants de joie
dans sa famille : au retour il reprend la plume et donne à
son père, le 8 pluviôse an II (27 janvier 1794), les nouvelles
suivantes qui ne manquent pas d'intérêt :

« Déjà plusieurs démissionnaires ont exprimé leurs
» regrets sur leurs démarches surtout depuis qu'ils ont
» sçu que le citoyen évêque a officié hier pontificalement.
» ils ne lui pardonnent pas son prudent stratagème, ils
» s'attendaient d'ailleurs à ce que la Convention ôterait
» tout de suite tout traitement aux non démissionnaires.

» On m'a dit ce matin que nous avions remporté quelque
» nouvel avantage du côté de Perpignan, mais on n'est
» entré dans aucun détail. Hier il fut publié ici que les
» déserteurs retournés des Pyrénées-Orientales eussent
» dans les vingt-quatre heures à rejoindre leurs dra-
» peaux et cela à peine de subir la plus grande rigueur
» des lois. On nomma aussi dans chaque section des
» commissaires pour faire des visites domiciliaires, mais
» je ne me rendis pas à la mienne. »

Il ajoute, en post-scriptum, des saluts patriotiques au

citoyen Barralier (1) qu'il n'a pu voir avant son départ
d'Arles. C'était un ami de sa famille ; son nom revient,
sous la plume de l'abbé, presque à chaque lettre.

Le temps s'assombrissait à l'horizon religieux et politique ; à Nîmes on avait inauguré le culte de la déesse
Raison et les prêtres cessaient peu à peu tout culte. Le
23 pluviôse (11 février 1794), l'abbé Véran écrit à son père:

« Tout nous annonce ici que bientôt nous serons remer-
» ciés de nos places de prêtres constitutionnels. Déjà
» comme à Arles on avait ici abattu tous les signes du
» catholicisme. Samedi, jour de la décade, on fit l'inaugu-
» ration du temple de la Raison, dans la cathédrale.
» L'évêque et ses vicaires non démissionnaires restent
» depuis tranquilles chez eux et ne célèbrent nulle part
» leur office. Hier on signifia au curé de Saint-Denis
» [l'abbé Vignal] de déménager de son appartement et de
» son église qui va servir pour les charrois militaires. Les
» enterrements se font depuis quelque temps sans la pré-
» sence du prêtre dans les paroisses supprimées ainsi que
» dans celle de Saint-Charles, église jusqu'ici conservée.
» Cependant je n'ai point cessé d'y assister et je le ferai
» ainsi jusqu'à ce que quelque autorité constituée m'ait
» fait signifier de ne plus y paroître. Demain on doit ôter
» la cloche de mon église, où, depuis que le bruit court
» qu'on va les fermer, très peu de monde se rend.

» Les deux synagogues sont déjà fermées. Les minis-
» tres protestants furent mandés hier par devant les
» représentans qui leur défendirent de ne plus prêcher
» dans leurs temples, le peuple ne devant plus écouter
» que les discours qui seront prononcés à la chaire du
» temple de la Raison. »

Six jours plus tard, Louis Véran apprend à son père la
fermeture définitive des églises, la formalité des inventaires et sa propre cessation de tout culte. Il écrit le 29 pluviôse :

(1) Barralier (Pierre-Jean), ancien chanoine de la Major, prêtre
constitutionnel, mort à Arles en novembre 1804, à l'âge de 73 ans.

« Depuis le 23 du courant, les choses ont encore changé.
» Voilà définitivement les églises ainsi que le temple des
» protestants et les synagogues fermées, les églises le sont
» depuis avant-hier. Il est vrai que hier dimanche je dis
» la messe, le tout sans originalité vu que j'ignorais que
» dans les autres églises qui restaient alors, on n'en eut
» point dit. Cependant il n'existe point de défense à nous
» faite de ne point exercer les fonctions, mais vous sçavez
» que quand l'opinion est manifestée d'une manière non
» équivoque contre nous, il est du devoir et de la prudence
» de nous abstenir de toute action contraire. Aussi depuis
» ce matin que j'ai vu les autres prêtres, je n'exerce et
» n'exercerai plus de fonctions ainsi que mes confrères.
» Je m'attends à chaque instant à voir entrer chez moi
» quelque officier municipal pour faire l'inventaire de mon
» église. Le curé de Saint-Denis m'a annoncé que le
» secrétaire de la municipalité lui assure que sous peu
» de jours on viendrait chez moi pour ce sujet et succes-
» sivement aux autres églises. D'après cela vous voyez
» qu'il m'est impossible de m'absenter jusqu'à nouvel
» ordre. »

Ces événements fâcheux n'ont pas trop l'air d'émouvoir
le vicaire de Saint-Baudile, il les raconte simplement,
sans âpreté et sans rancune dans le cœur. « L'opinion est
contre nous, dit-il, il faut nous abstenir et cesser tout
culte ». Comme si le devoir dépendait de l'opinion et de
la multitude. Vraiment ! est-ce bien là le langage d'un
prêtre, même assermenté ? Il annonce avec la même froi-
deur l'arrestation de son propre curé.

« Je promenais ce matin, à dix heures, avec le citoyen
» Vignal, curé de Saint-Denis et de ma succursale. A
» midi j'ai appris qu'il a été mis en arrestation dans le
» couvent des cy-devant capucins, même au-dessus de la
» chambre qu'il occupait comme curé. On sçait que c'est
» par ordre de la municipalité mais on ignore pour quelle
» cause. » (1)

(1) Les lettres des 23 et 29 pluviose sont écrites, l'une à la suite
de l'autre, sur la même feuille de papier, le nommé Autheman,
ami de l'abbé, chargé de porter la première, étant parti une heure
plus tôt qu'il n'était convenu.

Quatre jours à peine s'écoulent et l'abbé reprend la plume. Cette fois [3 ventôse an II — 21 février 1794] c'est pour dire à son père qu'il n'est plus vicaire de Saint-Baudile et qu'on a fait l'inventaire de son église, nouvelles auxquelles on s'attendait de part et d'autre.

« Me voilà depuis hier légalement remercié de ma place
» de vicaire succursaliste de Saint-Baudile de Nîmes.
» Hier, sur les dix heures du matin, un citoyen vint me
» prévenir verbalement de la part du district que le
» Directoire venait d'écrire à la municipalité pour qu'elle
» nommât deux de ses membres commissaires à l'effet de
» faire l'inventatre de l'argenterie, effets et meubles de
» l'église Saint-Baudile, dans la matinée même. Je les
» attendis donc mais ils ne parurent pas avant diner. Ils
» se rendirent à deux heures et me firent part de la com-
» mission qu'ils avaient à remplir. Je leur demandai si
» les représentans ou le département avaient fait un
» arrêté à ce sujet. Ils me répondirent qu'il n'en existait
» pas, et que la lettre écrite par le district à la municipalité
» était suffisante. Nous procédâmes à l'inventaire. Cela
» fait, je leur dis : Me voilà donc remercié de ma place.—
» Jugez la conséquence, répondit l'un d'eux.— La loi, répli-
» quai-je, m'avait placé ici, la loi me déplace ; elle n'a pas
» de citoyen qui lui soit plus soumis. Il fut conclu qu'in-
» cessamment la municipalité feroit transporter les effets.
» Cependant personne n'a encore paru. »

C'est donc avec le même calme placide que l'abbé Véran laisse procéder à l'inventaire de son église ; non seulement il ne proteste pas mais il prie les opérateurs de venir bientôt dresser la liste des objets du culte de la paroisse de Courbessac dont le second vicaire de Saint-Denis lui avait laissé la clef. Il prend même philosophiquement son parti de ce qui arrive :

« Des réflexions seraient ici inutiles. J'ai toujours taché
» de me faire aux circonstances, et de ne point m'inquié-
» ter sur un sort dont le changement n'est pas en mon
» pouvoir. Que le ciel vous conserve et me voilà heureux !»

Tout autre que l'abbé Véran eût eu , bien sûr, plus de scrupules.

Avec Courbessac, il y avait encore à Nîmes deux églises « non légalement formées » et dont l'inventaire restait à faire. C'est ce que dit à son père le vicaire de Saint-Baudile, dans la lettre du 16 ventôse. Il lui avait appris peu de temps auparavant, le 3, la démission définitive de l'évêque du Gard et de deux de ses vicaires épiscopaux.

L'abbé Véran avait le plus vif désir de rejoindre ses parents à Arles, mais des affaires pressantes le retenaient encore à son poste. Il voulait être présent. dans sa paroisse, lors du transfert des objets inventoriés, et de plus il tenait à toucher, à la fin du trimestre, les deux mois échus de son traitement. Il put cependant se permettre une petite absence. Il passa à **Arles** le jeudi gras de cette année, ce fut même pendant ce court séjour que se fit l'inventaire des églises restantes de Nîmes, sauf Courbessac. On ne tarda pas non plus à enlever des édifices du culte les ornements et vases précieux qu'ils renfermaient :

« Mardi, écrit-il le 15 ventôse an II (5 mars 1794), un
» officier municipal, suivi d'un valet de ville, est venu
» faire emporter l'argenterie de l'église Saint-Baudile. »

Le bruit avait couru d'une insurrection des catholiques de Nîmes, à propos de la fermeture des églises. Rien n'était plus faux, au dire de l'abbé. Ce qui avait donné lieu à cette rumeur, « c'était l'arrestation du curé constitutionnel de Bouillargues, ainsi que de deux ministres protestans tous détenus pour avoir fait à leurs sectateurs des complaintes sur l'abolition de tout culte. »

L'abbé Véran va être amené bientôt à se prononcer sur son sacerdoce. Malgré ce que l'on peut appeler ses complaisances, il ne veut pas, du moins pour l'instant, être du nombre des démissionnaires. Il avait tant dit à son père qu'il se souviendrait, malgré la rigueur des temps, qu'il était prêtre !

« J'ai obtenu mon certificat de civisme, dit-il, accordé
» par la municipalité, vérifié par le district, visé par le
» département. J'allais le porter au comité de surveillance
» révolutionnaire, mais ayant appris par une voie sûre
» que ce comité avait statué de ne signer aucun certificat
» des non démissionnaires, je l'ai gardé tel qu'il est. »

Il n'est pas trop effrayé non plus par la nouvelle alarmante qui circule sur leur compte :

« On fait courir le bruit, ajoute-t-il, que le représentant
» Borie, qui est ici, doit faire arrêter comme suspects les
» non démissionnaires. Je crois que ce n'est que pour
» multiplier le nombre des abdications. » [Lettre du 16 ventôse.]

Il persistera dans sa résolution tant qu'il restera à Nimes. Il y perdra même ses deux mois de traitement. Il écrit à son père, le 7 germinal an II (27 mars 1794) :

« Ce que je craignais est arrivé. Le district n'a point
» voulu expédier de mandat sans qu'au préalable nous ne
» présentassions le certificat de civisme signé et vérifié
» par le comité révolutionnaire. Or celui-ci n'a pas voulu
» le signer aux non démissionnaires, de sorte que décidé
» à ne pas donner ma démission, je retournerai à Arles,
» sans retirer mon trimestre.»

La situation n'était pas seulement pénible au point de vu religieux : le ravitaillement de la ville devenait difficile ; la famine guettait la population :

« Depuis quelques jours, dit-il, on a fixé ici la ration de
» pain pour les habitans, les hommes sont fixés à quinze
» livres par décade, les femmes à douze. On distribue
» pour cela des cartes particulières à chaque individu qui,
» toutes les décades, est obligé d'en demander de nouvel-
» les au commissaire de son île. »

Et un peu plus loin, dans cette même lettre du 16 ventôse :

« Nous étions ici à la veille de manquer du pain, mais
» les Génois ont promis d'en approvisionner la ville pourvu
» qu'on leur donne de l'argent. En conséquence plusieurs
» citoyens ont donné le numéraire qu'ils avaient en échange
» pour des assignats ce qui joint avec l'argenterie des
» églises sera plus que suffisant (1). »

La défense de la ville était assurée par la garde natio-

----

(1) Voir pour plus de détails : Fr. Rouvière. *Histoire de la Révolution française dans le département du Gard*, t. IV, pp. 119-128.

nale. On força les prêtres à y contribuer par une cotisation pécuniaire.

« D'après une nouvelle organisation de la garde natio-
» nale, écrit l'abbé, nous sommes obligés de payer notre
» garde quoique non reçus. Cette garde qui revient tous
» les quinze jours nous coûte trois livres. On nous en a
» déjà fait payer deux, et cependant on ne nous avait pré-
» venus de rien, mais comme ceux qui montent la garde
» sont des ouvriers qui perdent un temps fort précieux
» on a voulu les indemniser de leur perte. » [Lettre du 16 ventôse.]

On relève avec satisfaction, dans cette même lettre, un passage qui prouve la tolérance du prêtre constitutionnel pour ceux qui ne pensaient pas comme lui :

« J'ai vu avec plaisir dans le Bulletin du 9 que doréna-
» vant les tribunaux ne pourront condamner les contre-
» révolutionnaires qu'à la détention ou au sequestre de
» leurs biens et au banissement après la paix, ce qui par
» une juste conséquence abolit pour les contrerévolu-
» tionnaires la peine de mort. »

Nous avons vu plus haut qu'il avait refusé de les dénoncer.

Le nom de l'ancien abbé Giraud qu'il avait connu à Arles revient sous sa plume à ce sujet :

« J'ai vu avec satisfaction que le citoyen Giraud, accu-
» sateur public de Marseille, a été acquitté à Paris. » (1)

Cette lettre du 16 ventôse se termine par l'annonce du prochain abattement de la nouvelle Comédie, « le lieu des

(1) Giraud (Joseph), né le 6 avril 1758, entra à l'Oratoire le 28 octobre 1776, fit partie de la maison de son ordre à Arles ; en 1789 embrassa avec ardeur les principes de la Révolution. Voici le fait auquel l'abbé Véran fait ici allusion : Accusé d'avoir reçu des sommes importantes pour faire grâce à des fédéralistes, Fréron le fit arrêter et conduire à Paris où il parut devant le Tribunal révolutionnaire. Il fut renvoyé indemne avec un co-accusé. Le Président en les rendant à la liberté leur dit : « Républicains, le tribunal reconnaît non-seulement votre innocence mais vous accorde encore une couronne civile et le baiser paternel ». D'après Lourdes, *Histoire de la Révolution à Marseille*, t. III.

séances du club Feuillant et leur salle de lecture des
papiers publics. » L'abbé ne se trompait pas. Le représentant Borie, en effet, avait décidé la destruction des
édifices où les fédéralistes avait tenu des réunions. En
conséquence, il avait fait fermer la Comédie le 17 pluviôse, et deux mois plus tard, il en ordonnait la démoli-
tion sous prétexte que ce bâtiment avait servi de point de
ralliement aux fédéralistes contrerévolutionnaires du
Gard. (1)

Moins de quinze jours après, le 30 ventôse [20 mars
1794]. l'abbé envoie encore à son père les nouvelles suivantes :

« Vous aurez sçu, lui dit-il, que hier on réintégra le
» citoyen Courbis dans sa place de maire dont il avait été
» destitué par le représentant Boisset (2). La cérémonie
» s'est faite avec grande pompe et avec les cris mille fois
» répétés de : Vive la Convention juste envers les vrais
» patriotes. (3)

» On vient de me dire qu'ont doit juger demain un
» prêtre qui desservait comme vicaire, quoiqu'il n'ait
» pas prêté le serment prescrit. Les arrestations conti-
» nuent toujours ici. Il paraît qu'aucun fédéraliste ne
» sera à l'abri des poursuites. »

Et dans la lettre du 7 germinal an II (27 mars 1794),
l'abbé écrit encore :

« Presque tous les prêtres se sont démis ici. quelques-
» uns ont donné leurs lettres de prêtrise, et nous voilà
» réduits à trois qui n'avons fait ni l'un ni l'autre ; parmi-
» nous il en est même un qui parait bien indécis. »

Il voudrait bien rejoindre ses parents et quitter définitivement Nimes, mais l'inventaire de Courbessac n'est
pas encore fait :

« Deux officiers municipaux m'avaient promis aujour-
» d'hui d'aller à Courbessac pour dresser l'inventaire de

---

(1) Fr. Rouvière : *Op. cit.* t. IV, pp. 146-149.

(2) Le 24 frimaire an II (14 décembre 1793).

(3) Un décret du 21 ventôse l'avait mis en liberté et l'avait rendu
à ses fonctions. Fr. Rouvière : *Op. cit.*, t. IV, p. 102.

» cette église, mais le mauvais temps qu'il fait est cause
» sans doute qu'ils ne sont pas venus chez moi. Ce sera
» pour le premier jour. » [Lettre du 7 germinal.]

La maison qu'il occupe étant louée à partir du 1er avril,
il partira nécessairement le dernier du mois de mars ; sa
situation n'est pas brillante à Nimes, néanmoins il se
demande s'il fait bien de quitter cette ville :

« Je suis décidé d'aller enfin dans le sein de la famille
» la semaine prochaine, continue-t-il dans cette même
» lettre. Je tacherai de partir mardi, jour auquel je suis
» obligé de quitter cette maison, qui est déjà louée pour
» le premier avril (vieux style). Ici d'ailleurs les prêtres
» ne sont pas trop bien vus. Nous avons été pour ainsi
» dire obligés de nous costumer entièrement comme les
» autres citoyens, de porter les cheveux en queue, etc.
» Je ne partirai pas sans me précautionner d'un passe-
» port et d'une permission de la commune pour faire
» transporter mes effets. On m'a dit ici qu'il y avait eu
» du bruit dans Arles ces jours derniers. Dites-moi ce
» qu'il en est. Marquez-moi aussi si on n'inquiète pas à
» Arles les prêtres non démissionnaires, enfin si la réqui-
» sition pour la cavalerie est à son complet, et en cas
» qu'elle ne le fût, s'il ne serait pas prudent de retarder
» mon voyage. »

A la fin de cette lettre, l'abbé Véran demande à son
père ce qu'est devenu « le citoyen Tinet, notre ci-devant
curé. » Il était loin de se douter que moins d'un mois
après, le 6 floréal (25 avril 1794), ce prêtre serait arrêté,
sans raison, traduit devant la Commission populaire
d'Orange, condamné à mort et exécuté [10 thermidor,
lundi 28 juillet] (1).

L'abbé Véran retourna donc chez ses parents, mais à
Arles comme à Nimes, les idées révolutionnaires avaient

______

(1) Tinet (Antoine), né à Barbentane le 9 janvier 1755, d'Antoine
François et de Jeanne Masel ; d'abord vicaire dans son pays natal,
puis en 1793 curé constitutionnel de Saint-Julien d'Arles ; s'occupait de recherches historiques locales. BONNEL : *Les 332 victimes
de la Commission populaire d'Orange.*

fait du progrès. Quelques prêtres allèrent jusqu'à livrer leurs lettres de prêtrise. Le vicaire de Saint-Baudile qui, jusqu'alors, n'avait pas voulu être parmi les démissionnaires, circonvenu sans doute par des confrères plus âgés et qui avaient de l'influence sur ses déterminations, se sécularisa ou mieux (pour employer un terme du jour) se laïcisa comme eux. Voici en effet le texte de la lettre que « Louis Véran, cy-devant vicaire de Fontvieille, Etienne Guibert, cy-devant curé de Sainte-Croix, Pierre Clastre, Joseph Clarion. [Pierre Jean] Barralier, cy-devant chanoines de la Major, Gaspard Reynaud, cy-devant Augustin réformé, Joseph Escot, cy-devant aumônier à l'hôpital des malades », écrivirent à la municipalité :

« Arles, 17 prairial, 2ᵉ année républicaine [5 juin 1794].
Aux citoyen, maire et officiers municipaux

» Citoyens administrateurs, Décidés, d'après le vœu
» du peuple à faire notre abdication, nous vous envoyons,
» sous ce pli, nos lettres de prêtrise.
» Salut et fraternité. »

Le lendemain, au soir, les lettres de prêtrise de ces ecclésiastiques furent brûlées, en plein Conseil municipal, comme l'écrivirent les Conseillers à la Société populaire d'Arles :

« Arles, 18 prairial an II républicain.

« Frères et amis... Nous vous adressons cy-joint extrait
» de deux lettres (1) écrites par différents cy-devant prê-
» tres, auxquelles étaient jointes leurs lettres de prêtrise
» qui ont été brûlées ce soir, conseil tenant. Vous pou-

_____

(1) La première de ces lettres est datée du 3 juin 1794 et signée par Claude Légier, ex-chanoine de la Major.

» vès d'après les dispositions qu'elles renferment juger
» de leur républicanisme.

» Salut et fraternité.

» Le maire et officiers municipaux d'Arles
» On signé : Jacques, off. m., Bayol. off. m. (1). »

Les administrateurs du district furent instruits de cette
démarche. Dans le compte-rendu de la fête du 31 mai
1794 (2), adressé au district le 21 prairial (9 juin), on lit
ces mots : « Cette fête a été précédée de la tardive déprêtrisation des citoyens Léger, Clastre, Véran, Guibert,
Clarion, Barralier, Blanchier, Raynaud et Escot. » (3)

C'était la rupture — momentanée, il est vrai — avec
l'Eglise ; de concession en concession, avec bien quelque
léger effort de résistance, l'abbé Véran en était venu à
renier son sacerdoce !

En 1795, son nom figure sur la liste des membres de la
Société populaire d'Arles. C'est le seul gage donné à la
Révolution par l'ancien vicaire de Saint-Baudile dans son
apostasie. Il était, par tempérament, peu porté à l'action
directe, il appartenait à une famille foncièrement catho-
lique ; après réflexion il comprit qu'il avait fait une faute.
Rien d'étonnant alors de le voir, le 23 avril 1795, dans
une cérémonie expiatoire à Saint-Trophime, abjurer le
serment constitutionnel et reprendre les fonctions sacerdotales. Par ce fait l'abbé devenait sujet à la déportation, et
son nom figure sur les listes de proscription dressées à
cette époque ; il ne s'en effraya pas, outre mesure, et
ne fut pas inquiété.

En 1796, nous le retrouvons à Nimes, mais sans pouvoir

(1) Arch. municipales d'Arles. Fonds Pierre Véran. Ms : *Recherches pour servir à l'histoire ecclésiastique d'Arles pendant la
Révolution*, t. III.

(2) Le 31 mai 1794, fut célébré dans la ville d'Arles avec grande
pompe l'anniversaire du triomphe de la Montagne sur les Bris-
sotins.

(3) Arch. municip. d'Arles. Fonds Pierre Véran. Ms : Journal à
l'appui de la Révolution, t. XLI.

préciser l'emploi qu'il y occupait. Voici la lettre qu'il écrivait, le 20 floréal an IV (8 mai 1796), aux autorités d'Arles pour se faire inscrire au rôle des pensionnaires ecclésiastiques :

« Nimes le 20ᵉ floréal an 4ᵉ républicain (9 mai 1796).
« Citoyens administrateurs,

« Instruit que par une publication vous avez invité les
» pensionnaires de la Nation à se présenter au Secrétariat
» de l'administration municipale pour se faire inscrire au
» tableau qui doit en être dressé, je m'empresse de vous
» écrire, mes affaires ne me permettant pas de me ren-
» dre actuellement à Arles pour vous prier de m'y faire
» inscrire sous le nom de Louis Véran, âgé de 31 ans,
» ci-devant vicaire succursaliste de Saint-Baudile de
» Nimes.
» Vous voudrez bien en conséquence, citoyens admi-
» nistrateurs, annexer la présente au susdit tableau pour
» qu'elle me serve de déclaration.
» Salut et fraternité.
» Véran. » (1)

Le second séjour de l'abbé à Nimes ne fut pas de longue durée. Comme nous l'avons dit plus haut, il avait à Marseille un de ses frères, Pierre-Hilaire, qui y vivait du produit de son commerce. Louis Véran émigra, à sa suite, dans la grande ville qu'il ne quittera presque plus et dans laquelle il terminera ses jours.

III

Une seconde existence, toute nouvelle, va commencer pour lui, consacrée presque exclusivement à l'enseignement où il paraît, du reste, avoir eu quelque succès. L'ancien Séminaire de Marseille, situé rue Tapis-Vert,

(1) Archives municip. d'Arles. Fonds de la Révolution. Vol. : Eglises.

nommé encore aujourd'hui Mission de France, parce qu'il était dirigé alors par les Lazaristes ou prêtres de la Mission, s'était revendu en 1794 à la famille Aubert qui l'acheta dans l'intention de la restituer à ses anciens propriétaires. En attendant il fut utilisé comme maison d'éducation pour la jeunesse et l'abbé Véran y fut appelé en qualité d'instituteur. Dans sa nouvelle position, il rendit quelques services aux siens, en s'intéressant à l'instruction des enfants de ses frères.

Dès son arrivée à Marseille il continue avec son père cette correspondance dont nous avons cité de larges extraits et lui écrit périodiquement. Sa première lettre (du moins la première que possèdent encore les descendants de sa famille) est du 1ᵉʳ avril 1797. Il envoie pour les enfants de son frère aîné, Jacques Didier, 1° une brochure intitulée : Nouveau système de lecture, de Bertaud ; 2° onze planches relatives à cet ouvrage ; 3° une instruction manuscrite sur ce même petit livre.

En ce moment l'autorité diocésaine avait des vues sur lui et aurait bien voulu utiliser ses services en l'envoyant dans une paroisse. C'est ce qu'il ne voudrait pas et ce qui l'inquiète. Il écrit dans la même lettre :

« Les administrateurs ecclésiastiques de Marseille
» m'ont très vivement pressé hier de me rendre à la
» paroisse des Pennes. (1) J'ai éludé tant que j'ai pu,
» j'ai fait cent représentations, elles n'ont pas été reçues,
» leurs invitations se sont changées en ordre, enfin si je
» ne me rends pas aux Pennes, tout pouvoir ecclésiasti-
» que me sera ôté relativement à Marseille. Je vous
» avoue que je suis dans un étrange embarras et cepen-
» dant il faut que je me décide dans une semaine. Que
» faire ? D'un côté on veut me reléguer dans une paroisse
» petite et pauvre, et de l'autre il me faut décider à
» ne plus exercer mes fonctions dans Marseille qui cepen-
» dant est le centre des ressources et le plus charmant
» séjour. »

(1) Les Pennes, commune du dép. des B.-du-R., assez rapprochée de Marseille.

L'abbé Véran put rester à Marseille comme il le désirait, mais ses supérieurs ne désespérèrent pas de le voir entrer dans leurs desseins.

Un grand vicaire, Verbert (1), écrivant, en juillet, à un de ses collègues d'Arles, lui disait, en effet :

« Vous avez ici, à Marseille, M. Véran, je voudrais que
» vous lui écrivissiez une lettre qui pût le forcer à se
» rendre aux besoins du diocèse ; il est jeune et il a des
» talens ; il faudrait lui proposer un endroit où il y eut
» de la besogne ; il ne veut pas Arles, ni Saint-Cha-
» mas. » (2)

Cet espoir ne se réalisa pas, Louis Véran demeura, rue Tapis-Vert, auprès des enfants confiés à ses soins.

Ses sentiments démocratiques étaient restés les mêmes. Des élections venaient d'avoir lieu, l'abbé se félicite du résultat favorable à ses aspirations, et ses paroles, à ce sujet, sont celles d'un sage :

« Les élections qui se sont faites dans toute la Répu-
» blique ont manifesté le vœu général des Français. Ce
» vœu n'est plus équivoque. On veut la République,
» mais une République aristocratique, une République
» entièrement dégagée de démagogie, une République
» vertueuse et non pas anarchique. Les riches proprié-
» taires et les gens instruits qui dorénavant seront
» probablement les seuls admis aux législatures, voyent

---

(1) Verbert (Marie-Charles-Emmanuel), né à Pont-de-Vaux (Ain), le 15 novembre 1752, entra chez les Lazaristes à Lyon, débuta comme professeur de séminaire à Arles, puis fut placé à Marseille en 1782, se retira en Italie pendant les plus mauvais jours de la Révolution ; revenu à Marseille en 1795, il fut nommé, la même année, grand vicaire d'Arles ; au Concordat, il fonda, à Marseille, la paroisse Saint-Vincent-de-Paul. Le 20 octobre 1810, il fut installé proviseur du Lycée de Marseille. Sous la Restauration, il fut professeur de théologie morale à la Faculté de théologie d'Aix. Le 22 août 1816, il accepta la charge de vicaire général de la Congrégation des Lazaristes. Il mourut à Paris le 4 mars 1819.

(2) Bibliothèque municipale d'Arles. Ms n° 119 : « Notes historiques sur la Révolution », laissées par le chanoine Jean-Baptiste Girand, pièce n° 60.

» trop bien que rétablir la royauté ce serait à présent le
» plus grand malheur. Je crois donc qu'ils s'appliqueront
» les premiers à consolider le gouvernement républicain,
» mais je crois aussi que les rênes leur seront confiées.
» Des siècles se sont écoulés depuis trois mois et le
» système a changé entièrement. Je crois de l'intérêt de
» tous d'oublier ce qui fut pour ne s'occuper qu'à rallier
» tous les gens de probité de tous les partis dont l'unique
» occupation doit être de s'opposer aux efforts de tout
» homme qui voudrait nous faire essayer quelque nou-
» velle révolution dans quel genre que ce soit ; la sagesse
» est de vouloir ce qui est, de contenir même ses justes
» sujets de plainte pour ne s'occuper que du bonheur
» public en vaquant librement et tranquillement à ses
» affaires particulières. » [Lettre du 1er avril 1797.]

Et l'abbé ne ferme pas sa lettre sans apprendre à son
père quelques nouvelles plus importantes de Marseille,
mais très sommairement :

« On installe aujourd'hui les trois municipalités. — On
» a donné ces jours derniers une fête au bey de Tunis
» qui se rend à Paris. »

Mais cette tranquillité que célébrait l'abbé Véran fut de
courte durée. Après le coup d'état du 18 fructidor, de
nouvelles vexations furent infligées aux ecclésiastiques.
Louis Véran est comme effrayé de la situation politique.
Il n'ose écrire directement à son père ni signer ses lettres,
crainte de représailles. Il s'adresse alors à son frère,
Jacques Didier, qui demeurait à Arles, rue Vinsargues,
près des Cordeliers. Sa lettre est du 5 frimaire an VI (25
novembre 1797). Il lui parle d'une manière impersonnelle
et le met au courant des sévices dont les prêtres sont de
nouveau menacés.

« Citoyen, lui dit-il, les nouvelles administrations ont
» commencé de mettre à exécution les lois du 29e fructi-
» dor relatives aux prêtres. Déjà deux de ces derniers
» sont en arrestation. Des mandats d'arrêt ont été lancés
» contre plusieurs autres qui ont prévenu le coup. De cinq
» prêtres de la Mission, trois sont en fuite, le quatrième,
» n'ayant jamais été fonctionnaire public et ayant prêté le

» serment de la liberté et égalité, est en règle, le cin-
» quième qui est le plus jeune se croit en sûreté, soit
» parce qu'il est peu connu à Marseille, soit parce qu'il
» n'est sur aucune liste ni d'émigrés ni de déportés, soit
» parce qu'il impliquerait que ceux qui l'ont porté sur le
» tableau des cy-devant ministres salariés tentassent de
» le dénoncer comme insermenté.

» Cependant comme on doit s'attendre à tout, il est bon
» d'être aux avis à Arles pour instruire ce dernier de ce
» qu'on pourrait projeter contre lui et ses consorts.
» D'après la lettre du ministre de la police du trois bru-
» maire dernier, les prêtres dénoncés comme rétractaires
» ne peuvent être jugés par les tribunaux, c'est à l'admi-
» nistration centrale à employer les moyens légaux pour
» acquérir les preuves de ce délit politique. Il s'ensuit de
» là tout au moins que la nouvelle d'Arles peut dénoncer
» la personne en question comme rétractaire ; comme à
» Arles il y a plusieurs prêtres qui sont dans le même
» cas, il est à craindre qu'on ne fasse cette dénonciation.
» Il faudra donc s'informer de ce qu'on peut projeter à ce
» sujet et en aviser de suite qui de droit. »

Le cinquième prêtre dont il est ici question, on l'a
deviné, est l'abbé Véran lui-même. En somme il voudrait savoir ce que sont devenus les insermentés, surtout
les « rétractaires », et s'il n'a pas à craindre une dénonciation ; il prie son frère, plus loin dans cette même lettre,
de l'informer du tout, de le faire adroitement, de ne pas
même dire le lieu de son domicile, et d'écrire la réponse
à son frère H.[ilaire] qu'il voit assez souvent.

On exigea alors des ecclésiastiques le serment de haine
à la royauté. A Marseille quelques prêtres le prêtèrent,
mais pas l'abbé Véran :

« Quelqu'un, continue-t-il dans la même lettre, m'a dit
» avoir lu la liste de ceux qui ont prêté le nouveau ser-
» ment. Ils sont au nombre de 90. Il y a tous les consti-
» tutionnels parmi lesquels quatre mariés. Il y a aussi
» quelques insermentés dont un vicaire général. La per-
» sonne en question n'est pas du nombre. Les nouvelles
» administrations ont par une affiche d'avant-hier obligé

» de nouveau les prêtres d'aller une seconde fois prêter
» ce serment parce que, y est-il dit, les anciennes admi-
» nistrations n'ont pas rempli leur devoir à cet égard.
» Depuis l'affiche aucun prêtre ne s'est présenté de nou-
» veau, on craint que ce ne soit un piège. »

L'abbé Véran avait été assez heureux pour remettre
l'union dans la famille de son frère Pierre-Hilaire, rompue depuis longtemps. Il mande cette nouvelle avec joie :

« Nous dinons ensemble en réjouissance de l'heureux
» accord qui règne actuellement avec la famille alliée de
» Marseille qui est invitée au repas. » (Même lettre.)

L'affaire du nouveau serment dont il vient d'être question le préoccupe toujours beaucoup : son père n'est pas
moins inquiet.

« Vous désirez sçavoir, lui répond-il, le 20 pluviôse
» an VI (8 février 1798), si j'ai prêté le dernier serment
» fait, soit comme ministre du culte soit comme institu-
» teur. Je vous ai marqué dans le temps que depuis envi-
» ron cinq mois je me suis borné uniquement à l'éduca-
» tion, et que conséquemment je n'ai pas été au cas com-
» me exerçant des fonctions de faire ce serment. Il est
» vrai qu'il y avait un projet de le faire prêter même à
» ceux qui ne les exerçaient pas, mais d'après ce que j'ai
» lu dans un courrier, le conseil des Cinq-Cents après le
» rapport de la comission chargée d'examiner cette
» question, a passé à l'ordre du jour motivé sur l'existence
» de la loi du 19 fructidor qui y assujettit les fonction-
» naires, et autorise le Directoire à déporter ceux qui
» n'exerçant pas seraient jugés fomenter le trouble.
» Ainsi je crois qu'on vous a mal instruit lorsqu'on vous
» a dit que tous les prêtres étaient assujettis à ce ser-
» ment ; d'ailleurs s'il en était ainsi on n'eut pas manqué
» ici de nous sommer de nous y soumettre, il n'en est
» rien pourtant. On n'a point encore exigé le dernier ser-
» ment de la part des instituteurs, et on pense ici que les
» adjoints n'y seront pas sujets. Aux yeux de la loi, ils ne
» doivent être regardés que comme des commis obligés
» de ne suivre que les principes des instituteurs en chef.
» Quoiqu'il en soit il me parait que je ne puis être

» blâmé comme instituteur de m'y soumettre : comme
» prêtre cet acte pourrait être regardé comme ayant de
» plus grandes conséquences ; sur le tout ce ne sont ici
» que des réflexions, et non point des motifs de détermi-
» nation, j'aurai soin dans le temps de vous instruire
» de ce que j'aurai fait le cas échéant. »

L'abbé Véran n'eut pas à se reprocher d'avoir prêté ce
nouveau serment du moins dans la forme qu'on l'exigeait
de lui. Le sous-préfet d'Arles ordonna, le 26 ventôse an X
(17 mars 1802), que son nom fût rayé de la liste des
pensionnaires ecclésiastiques pour n'avoir pas prêté
le serment de haine à la royauté, le 10 frimaire an VIII
(1er décembre 1799), et parce que celui qu'il avait prêté le
25 brumaire était insuffisant (1).

Il était heureux et content à l'institution de la rue
Tapis-Vert dirigée par « le citoyen Coulomb » :

« Nous vivons toujours dans la plus grande intelligence
» ainsi qu'avec le second adjoint, mon confrère. Ce der-
» nier se prête très obligeamment à mes affaires. Il est
» bien payé de retour. »

Ils se rendaient de mutuels services, comme commis-
sions en ville, suppléances dans la surveillance des
enfants, toutes choses qu'avec raison appréciait l'abbé
Véran dont le temps était encore pris par des occupa-
tions sacerdotales.

Cette même lettre se termine par quelques mots très
courts relatifs aux réquisitions forcées de cette époque :

« Avant-hier on cerna le port pour saisir les marins qui
» ne s'étaient pas fait inscrire pour les embarquements ;
» on en a saisi un grand nombre : on a aussi incarcéré
» plusieurs autres citoyens ; et, dit-on, par mesure de
» sûreté générale, les tonneliers de Marseille viennent de
» se distinguer en faisant un don patriotique pour la
» descente en Angleterre. »

Au moment où l'abbé écrivait, il était dans le dessein
d'aller embrasser son père ainsi que sa « chère et incom-

(1) Arch. mun. d'Arles, Fonds de la Révolution. Vol. : Eglises.

parable mère » avec un de ses frères, au temps de Pâques,
temps de vacances pour les élèves pensionnaires. Le
notaire Antoine Véran demeurait alors sur la petite place
du Bourgneuf à Arles.

Il est fait mention dans cette lettre d'une de ses sœurs
Adélaïde (1). Elle avait eu les fièvres, l'abbé lui donne les
moyens de s'en guérir et lui recommande, dans ce but,
d'être sévère pour son régime.

Louis Véran envoie par la même occasion des saluts au
Père Muratory (2) et à ses autres confrères.

La guerre religieuse touchait à sa fin, mais encore tous
les obstacles qui l'entretenaient n'étaient pas levés :

« L'ouverture des églises n'a point encore eu lieu,
» comme on l'assure, écrit l'abbé le 5 thermidor, an VIII
» 24 juillet 1800] (3). On dit ici que le commissaire géné-
» ral de police ne donnera sa réponse qu'à la fin de la
» présente décade. »

Nous étions au lendemain de la victoire de Marengo ;
Bonaparte triomphant, il semblait que le calme allât
revenir.

« On parle beaucoup de paix ici, ajoute l'abbé. Depuis
» hier on dit qu'on doit en traiter à Lyon. On assure
» même que deux plénipotentiaires sont en route pour
» cette ville. »

Mais les réquisitions continuaient de plus belle :

« On saisit ici beaucoup de jeunes gens de la réquisi-
» tion et de la conscription. On va même dans les bureaux
» des négociants et dans les magasins pour les chercher.
» Cependant cela ne diminue pas l'espérance que l'on a

---

(1) Véran (Adélaïde), née le 29 septembre 1778, s'adonna à l'éducation des demoiselles ; elle avait beaucoup de talents et a laissé
quelques vers de sa composition. Elle mourut le 6 mai 1812.

(2) Probablement le P. Michel Muratory, né à Arles, le 16 août
1743, augustin réformé, profés le 16 août 1760.

(3) D'après un rapport au préfet le 24 messidor an VIII (13 juillet
1800) du commissaire général de police, Lecointe-Puyraveau, trois
églises sur onze existantes étaient ouvertes au culte à Marseille :
la Major, Saint-Martin et les Augustins. — Archives des B.-du-Rh.
K2. V° 3.

» de voir bientôt cesser la guerre. Si vous voulez la paix,
» dit l'ancienne maxime, préparez-vous à la guerre. »
Même lettre.]

Il raconte ensuite la cérémonie de confirmation qui
vient d'avoir lieu à l'Institution (1).

Il apprend le même jour, à son père, le prochain
voyage de Monsieur Verbert.

« Monsieur Verbert est parti dimanche pour aller dans
» le diocèse d'Arles. Je n'ai pu lui dire qu'un mot avant
son départ. Il ne m'a pas dit qu'il allât dans notre patrie. »

Comme toujours l'abbé termine sa lettre en demandant
des nouvelles des siens, mais surtout de son frère aîné.

Telle était donc la vie de Louis Véran, dans la ville de
Marseille, partageant son temps entre ses fonctions et les
relations avec sa famille, et ne dédaignant pas de s'occuper des événements du jour.

IV

Le Concordat venait d'être conclu entre Napoléon
Bonaparte, premier consul de la République, et le Saint-
Siège et fut proclamé solennellement le 28 germinal an X
(18 avril 1802) dans l'église Notre-Dame de Paris. Dans les
Bouches-du-Rhône, seul l'archevêché d'Aix fut maintenu
avec, à sa tête, Mgr Champion de Cicé, ancien archevêque
de Bordeaux, qui eut pour première mission de faire une
nouvelle circonscription des paroisses. Il mit comme
curés des nouvelles églises des prêtres dont la moitié
environ avaient prêté serment et ce dans le but de satis-

___

(1) « C'est l'évêque de Caprea et non pas M. de la Tour qui a
» conféré le sacrement de la Confirmation à nos enfants. Je fus
» chargé d'aller l'inviter à venir à la Mission pour faire cette
» cérémonie. Quoiqu'il ne parle pas français et que je ne parle
» pas italien nous eûmes cependant une conversation assez lon-
» gue, chacun de nous parlait sa langue nationale. Il me compre-
» nait fort bien, et je sais assez d'italien pour comprendre ce qu'il
» me disait, nous aurions pu parler latin, mais comme il me répon-
» dit italien, je n'osais commencer à lui parler latin. »

faire au désir du gouvernement. Ce fut pendant tous ces préparatifs que l'abbé Véran perdit son père. Il mourut à Arles, le 5 juin 1802, après avoir résigné son office de notaire à son fils ainé, Jacques-Didier, en 1801.

L'éloge pompeux que fit de sa piété, de sa probité et de son talent, à ses obsèques, le Doyen des notaires dut grandement consoler l'abbé Véran et lui rendre moins sensible cette perte.

L'ancienne paroisse de Fontvieille fut réorganisée, et l'ancien vicaire de Saint-Baudile qui y avait exercé ses premières fonctions sacerdotales fut proposé à l'agrément du gouvernement pour l'occuper. L'Etat des prêtres du diocèse d'Aix de 1804 donne comme date à cette nomination : 6 mai 1803. Le préfet des Bouches-du-Rhône n'agréa pas ses services. Il lui reprochait ses nombreuses variations. L'abbé Charles Amy, ancien Trinitaire, le même qui l'avait remplacé à la cure d'Albaron, pendant la Révolution, lui fut préféré.

L'abbé Louis Véran retourna donc à Marseille et continua à se livrer à l'éducation des enfants, dans l'institution Soutte. C'était bien l'occupation qui lui convenait le mieux. L'abbé se plaisait à la ville, il avait de la patience et du savoir, il devait réussir auprès des élèves. A la tête d'une paroisse, à l'esprit éveillé, comme celle de Fontvieille, il aurait eu des ennuis provenant de son manque de décision et d'énergie. Et puis, si près d'Arles, ne connaissait-on pas ses tergiversations ?

Cependant, en 1812, l'autorité diocésaine de Marseille lui confia la paroisse des Accates, dans la banlieue de la ville. L'abbé avait pris de l'âge, il n'avait que quelques paroissiens à diriger, il pouvait mieux faire qu'autrefois. Il resta curé de ce village pendant cinq ans ; peu avant son départ, il fit réparer les fonts baptismaux de son église.

En 1817, nous le retrouvons à Marseille où il coula paisiblement ses derniers jours, comme il convenait à un prêtre qui n'avait jamais aimé le bruit et l'agitation. En considérant, dans sa vieillesse, les temps troublés qu'il avait traversés, il devait d'autant plus estimer cette tranquillité que réclament plus que d'autres certaines natures et il devait être satisfait à la pensée d'en jouir désormais et sans obstacle.

Il mourut, rue de la Darse, n° 4, le 22 novembre 1838. (1) Son corps fut inhumé le lendemain après les prières de la cérémonie funèbre faite, à l'église de la Sainte-Trinité, par l'abbé Savelly.

V

En somme, la vie de l'abbé Louis Véran est celle d'un prêtre ordinaire, sans grandes aspirations d'aucune sorte. S'il donna, un moment, des gages à la Révolution, c'est par entraînement, par imprévoyance, c'est surtout par manque de fermeté. Les événements le surprirent, il n'y était pas préparé. Il avait bien puisé abondamment au sein de la famille des principes d'honneur et de religion, mais il n'avait que vingt-quatre ans en 1789, et il venait à peine de recevoir l'onction sacerdotale. Comme bien d'autres il ne crut pas aux excès auxquels il devait assister plus tard. Sitôt donc qu'il s'aperçut qu'il s'était trop engagé, il revint à de meilleurs sentiments, trop heureux de se ressaisir.

Epris des idées de son temps, un sentiment le domine, ne pas heurter et ne pas froisser les opinions de ses contemporains. De là l'indécision que l'on remarque dans sa conduite. Il évite de se prononcer, sans doute par bonté d'âme, mais surtout par faiblesse de caractère, craignant trop de ne pas agir comme tout le monde et de se distinguer des autres.

---

(1) C'est donc par erreur que l'abbé Ant. Ricard, dans ses *Souvenirs du clergé marseillais,* et après lui l'abbé Gouin, dans sa *Monographie de la paroisse des Accates,* le font mourir le 22 septembre. Nous avons pu nous assurer nous-même de la date véritable en consultant les registres de catholicité de la paroisse de la Sainte-Trinité, à Marseille. L'abbé Gouin dit aussi faussement qu'il est né en 1745.

Enfin la longue période de paix que nous révèlent les années d'enseignement est une preuve nouvelle que l'abbé Véran n'était pas fait pour la lutte et le combat, mais qu'une occupation sans grande responsabilité et sans trop d'initiative devait être la sienne. Il reste à sa louange, outre ce long dévouement à l'enfance qui n'est pas si commun qu'on pourrait le croire, cet amour pour les siens qui le porta à leur rendre service et à rapprocher ceux qui ne vivaient pas en bonne intelligence. C'est là le rôle du prêtre dans ce qu'il a de grand, de noble et d'élevé ! En tout autre temps, l'abbé Louis Véran eût illustré le corps auquel il appartenait !

20 décembre 1906.

Nous joignons à ce travail une caricature, gravée par le propre frère de l'abbé, J.-M. Véran, et qui représente Adélaïde, institutrice, J. Didier, notaire, et Louis Véran, prêtre, mais dont nous n'avons pu saisir l'idée exprimée. Pourquoi l'institutrice Adélaïde, sa sœur, est-elle représentée la première et est-elle si grêle ? Pourquoi le notaire Didier est-il si grand, et le prêtre si noir, si voilé ? C'est ce que nous n'avons pu savoir, même en nous renseignant auprès d'une descendante encore vivante de la famille. Nous l'ajoutons à titre purement documentaire.

Nimes. — Typ. A. Chastanier, 12, rue Pradier.

* 9 7 8 2 3 2 9 6 7 3 3 6 3 *